AF599867

LUCÍA MONTOJO

A VUELTAS CON LA LUNA

LUCÍA MONTOJO

A VUELTAS CON LA LUNA

Prólogo
María Teresa Rodríguez de Castro

HUERGA & FIERRO editores

Diseño de Colección: Huerga y Fierro

Primera edición: 2025

C/Sebastián Herrera, 9
28012 Madrid-España
Telf.: 91 467 63 61
www.huergayfierro.com
huerga@huergayfierro.com

I.S.B.N.: 979-13-990189-8-1
Depósito Legal: M-12781-2025
Impreso en Romadac Industria del Libro
Impreso en España/Printed and made in Spain

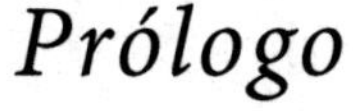

Prólogo

Quienes os acerquéis a este libro asistiréis a una peregrinación, a un viaje iniciático. El amor cambia nuestra geografía personal, nos coloca en las fronteras de un nuevo comienzo. Todo amor supera un confín, destroza un límite, y al hacerlo nos empuja hacia un espacio del que se regresa con el interior cambiado.

Lucía entiende la escritura como una forma de catarsis. Mientras traza el ritmo de un poema, vive un proceso de purificación emocional. La poesía es para Lucía un género de confesión, una manera de trabajar la voz personal y ganar iluminación. Las herramientas poéticas nos ayudan a cincelar el carácter. Quienes se adentran en una odisea de transformación personal necesitan comprender lo que están viviendo o lo que han vivido para iluminar su interior. Lucía entiende la poesía como parte de un trabajo para reforzar el Yo sin olvidar el mundo. Sus versos le marcan el devenir, le permiten reaccionar ante los acontecimientos para descifrarlos, y de esta manera ganar su Ser. Pero no se detiene ahí. El poema le sirve para compartir sus emociones, pensamientos o experiencias, y al hacerlo nos permite a los lectores ampliar nuestro mundo. Porque quien abre su interior dibuja a los demás un mapa de posibilidades.

La luna ha servido a los poetas como guía y faro, como sombra protectora y nutricia, como fuente de creatividad. Para unos es amuleto o sedante (Jaime Sabines). Para otros, descarnado mundo que recorre el cielo en silencio profundo (Alfonsina Storni). Hay quien pide pintar la luna de escar-

lata, pensando que a la doncella de nieve le gustaría un cambio (Marilina Rébora). El huevo de la luna ha inspirado a Josefina Pla, que nos revela que todo comenzó en un espejo. Pablo Neruda se pregunta si es cierto que las golondrinas van a establecerse en la luna. Cada poeta lleva una luna distinta dentro.

Lucía emplea la luna como hilo conductor para explorar su universo emocional. La luna en estos poemas es metáfora del paso del tiempo, de la transitoriedad de lo que se vive, de la vulnerabilidad de quienes aman. Alterna las voces en el libro: se dirige al amante, o en otras ocasiones a su corazón. Mantiene a veces la distancia respecto a lo que siente; otras, se acerca a lo que lleva dentro. Esta recreación de voces le permite explorar las diferentes fases de la luna con sus mareas y movimientos, sus eclipses y su luz tan particular.

La Luna Nueva es la primera en aparecer, e invita a quienes aman al juego. La Dama de la Noche, personificada en la diosa Tanit, es testigo del comienzo y sus promesas. "Incipit vita nova", comienza una vida nueva para quien se atreve a amar. Dante lo sabía, su amor por Beatriz inaugura un mundo nuevo. Los poemas de este primer bloque dibujan un amor que enciende todos los sueños.

En la Luna Creciente, junto a la ilusión del amor y sus poderosas subidas, junto al asombro por lo que se está viviendo, la protagonista duda. Y utiliza una bella expresión: "teje" las dudas. Es el propio hilo de su sentir el que van marcando la indecisión, el miedo, la inseguridad que aparecen cuando se está explorando una emoción nueva. Artemisa la acompaña en esta etapa de transición hacia una nueva travesía. Quien ama se convierte en aprendiz de unos códigos inexplorados.

En los poemas del bloque de la Luna Llena, Selene, la diosa griega lunar, no tiene una presencia fuerte. Es como si, en el cénit del amor, el fondo de la noche abrazara la luz plateada que está llegando a la cumbre, y la luna no necesitara ocupar el centro del escenario. La diosa cede el espacio a lo que está pasando. La protagonista siente que debe descifrar a su amante, quien, a modo de linterna, ilumina las noches de niebla. Se acercan a la plenitud de la experiencia afectiva. Pero este movimiento será el comienzo del descenso, del tránsito hacia otra fase. El último verso de este bloque anuncia el siguiente: "Abrígate, amor, hace frío".

Con Hécate, la luna entra en fase menguante. Los papeles empiezan a trocarse. La amante pide que le dejen ser sol por una vez, ansía abandonar el lecho lunar. Entre eclipses, el amor se mueve para tratar de ver, para lograr una amplitud que se le está negando. "Me pides la luna cuando ni siquiera alcanzo a ver las estrellas", lamenta quien ama, sintiendo que le falta horizonte.

Finalmente llega Lilith, la Luna Negra. Posiblemente recuerde la súplica de la poeta Sylvia Plath: "díganle a la luna que se ponga un velo negro por mí". Lilith lo hace, y comienza el desierto del amor. Aparece "un monstruo llamado soledad". Lo que antes se vivía con vocación de eternidad, se muestra frágil, polvo en las manos, y amenaza con la ruptura. Y esta llega, inevitablemente, porque el amor en multitud de ocasiones profetiza su final.

El libro termina con un nuevo comienzo. Y es que, al final del viaje, a poco que nos aventuremos a continuar, encontramos una incipiente Luna Nueva.

María Teresa Rodríguez de Castro

A VUELTAS CON LA LUNA

A mis padres, Katia y Javier, por mostrarme la nobleza del corazón y acunarme en todas las orillas.

A Mercedes Gómez-Pablos, mi cómplice, que no deja de creer en mí.

A mi hermana Fátima Basa por ser una oración de amor.

Y como siempre, a mi fuerza, mi hijo Andrés.

Nota de la autora

La luna siempre me ha provocado fascinación. Amo, respeto y temo a la eterna compañera de la Tierra y del Sol. Cuando era niña, mi abuela Lucía, la abuela maga que contaba leyendas a los nietos, nos subía hasta su terraza ibicenca para admirar a la Señora de la Magia. Entre historias fantasiosas de elfos y duendes, con el islote en forma de dragón de fuego y agua, Es Vedrà como testigo, abría sus brazos, bailaba y le pedía, entregada a la Dama de la Noche, alegría y amor.

Sobre todo, amor.

Las noches de luna llena eran apasionantes. Cada uno escribíamos un papel con un deseo —si se escribía en verso, tenía más fuerza— que luego quemábamos para que llegara a la Gran Dama. Consciente de la magia y el poder de la dama de las mareas, le entregaba los sueños amorosos, así como las angustias o los miedos, para que se lo llevara todo. Sigo haciéndolo ahora.

El hechizo continúa.

"A Vueltas con la Luna" nace como un viaje al sentir a través de una historia de amor. Tardé muchos años en querer compartir mi alma. Años en los que intercalaba la sequía o inundaciones sentimentales, ocupando el espacio, alterándolo, hasta que el amor hizo su entrada. Se quedó conmigo durante siete años, hasta que la luna negra arrasó sin avisar. De ahí que migajas del alma se traduzca en poemas. Poemas que nacen con la luna de mi infancia, para poder encontrar un rincón seguro desde donde volver a lanzar mis deseos sin miedo a que borrascas oscuras rompan mi papel.

Azul.

Querida Luna, dicen que eres humana. Como cualquiera de nosotros, sientes, vives y gobiernas cada una de las emociones. Desde la expansión de la alegría a la apatía, pasando por la tristeza y la rabia, el entusiasmo y la confianza, el miedo y la pasión, la ira.

Y el amor.

Tienes el poder de subir las mareas emocionales, de sujetar corazones o dejarlos caer. ¡Menudo bullicio cuando un corazón se rompe contra el suelo! Tanto ruido que las orejas escuecen, los labios se acartonan y surcos de agua dividen la cara.

Moradora de las aguas, tan nuestra, tan tuya.

Lucía Montojo

Luna Nueva

Tanit

1

Me invitas a jugar con la gran dama de la noche,
a dejarme brincar por las estrellas,
buscar el sol mientras sonríe al vacío.

Salto.
Confío.
Rasgo el velo de las pestañas,
acaricio con impaciencia el flequillo del pasado que inquieta la mirada.
Y nacen ojos nuevos.
Sin cartas y sin mapas

2

Así un día cualquiera en un lugar llamado tú,
entre quesos insípidos y uvas de Baco
unos ojos de tierra abren mis labios a un baile nuevo.

Amanecer rojo y verde que levanta las persianas del cuerpo.
Cruce de caminos, dos adolescentes a la fuga
mientras se escucha la eterna canción
un grial llamado
d e s e o

3

Todo puede suceder en este corazón
en cualquier instante,
uno como este
        que empiezas a deshojarlo

4

Una vez más me asomo a un precipicio de estrellas.
Muevo mis brazos
  río
    siento
hoy es el viento quien picotea los labios

5

La ilusión juega con los botones de mi blusa.
Los abre despacio hasta llegar a él.

Un órgano que tenía abandonado y ahora,
cuido
acaricio
escucho
cubro de besos

rogando que se quede conmigo
un poco más

6

Regálame —aunque sea un ratito— regálame un sueño.
Uno que arrope el frío con ternura
que ahuyente lobos camuflados de ovejas
encienda el brasero
y me deje ser.
Regálame uno que huela a casa
  a sopa caliente
a vaso de leche con miel y azúcar
mientras tu mano
unta de bálsamo mi pecho cerrado.
Regálamelo

7

Sonríe y con ojos dionisiacos
me cocina en champán en la encimera.
Y me desayuna
    entera

8

Si abrieras la hoja del tiempo
sin quedarte a su puerta
sabrías que te observo, celebro
y te aprendo

Si entraras en el jardín del tiempo
te apoyarías en manos abiertas
pobladas de flores, que despiertan
y entregan

Si bailaras en el océano del tiempo
Hallarías el vínculo que el agua hace contigo.
Te enredarías con cabellos marinos
para abrir las aletas a una nueva vida.

Si me concedieses tiempo
sin que los barrotes de la amargura
te apresaran,
sin la desesperanza gobernando tu caída.
Teje la espera la página del poema

9

Me pregunto tantas cosas
un signo de interrogación que camina encima de la cabeza
y desea preguntar:
        ¿Me quieres?

Luna Creciente
Artemisa

10

Las farolas tapan sus ojos de búho
se escandalizan
tiemblan sus luces,
transformándose
—casi sin quererlo—
en testigos de dos adolescentes de 50
comiéndose a besos

11

Te estoy adivinando y no me canso de encontrar esas lianas
por las que me permites trepar,
linterna en mano,
y descubrirte.

12

Y tú tan zombi, me guías por el sendero de los vivos

13

La cobertura viene y va
Me meto entre las sábanas y
por alguna razón analógica
huelen a ti.
        Aunque hoy también te invento

14

Las estrellas pinchan,
me gusta sentirlas.
Tú me pinchas para vivirnos,
yo me siento en el pico de la luna tejiendo dudas.
    Todas

15

Confieso que
cuando te dejo o me dejas,
tengo la extraña sensación de que se acaba el día,
de haber perdido algo, de muerte lenta
y pequeña.

Cuando meto mi cabeza en la almohada,
esas noches oscuras sin ti,
siento que he perdido los zapatos
o que uno se ha quedado contigo
como si fuera cenicienta,
casi princesa
de un cuento encantado.

Cuando te pones grave,
casi triste,
los edificios se tambalean
las nubes ahogan las aceras,
mi paraguas se abre a una noche sin sol
y mi piel de vieja eterna.

Cuando ríes
la helada se vuelve algodón,
las voces fermentadas en Ribera del Duero.

Cuando me miras,
provocas vida con el chasquido de tus pestañas.
Las estrellas fugaces se cuelan en tu pantalón
y el mundo vuelve a bailar
esa canción de amor llamada
                    tú

16

Me quedé callada
y pensé que encontraba mi sueño.
Valía la pena esperar
cerraba sus ojos y yo abría los míos

Hora de marcharse.
Llego tarde a trabajar
—por vez primera—
buena señal

Luna Llena

SELENE

17

Amo tu olor que huele a vino y a tierra,
a incienso y galleta de avena.
Tus besos de mar y de hierba
los labios de casa y tu lengua alerta

18

Fuimos a comprar flores.
Entusiasmada llenaba la cesta
de lirios, rosas y alguna margarita.
Incluso una orquídea coqueteó conmigo.
Tú, mientras tanto,
llenabas el cesto de macetas,
tiestos, tierra, fertilizantes
        alguna podadera.
            Y te amé.
              Tanto.

19

Mi pie sobre el tuyo, como lo hacen los pingüinos

20

Esta noche me la llevo conmigo

21

Podría decir
que te quiero porque me quieres.

Porque me quieres cuando finjo no quererte,
cuando te echo de mi lado
te expulso
te digo...vete.
Y sigues conmigo

Cuando me pierdo en las noches de niebla
y me esperas con una linterna encendida.

Cuando me tambaleo por absurdos diarios
mientras colocas una silla sobre la que apoyar los pies secos.

Cuando me caigo
me descompongo
me rompo,
y pegas con paciencia mis pedazos completando mi puzle.

Ese que es el tuyo

Podría decir que te quiero
cuando tienes espadas entre los dientes
o pétalos de rosas en los labios,
vinagre o leche cortada en la lengua
Y poesía en el paladar

Cuando tus ojos de barro
de tierra mojada
de vientre materno
tiritan lágrimas.
Cuando te enfadas
Y el cielo de agua azul se vuelve plomo
negro, de noche oscura
de acero.

Podría decir que te quiero
porque siento la soledad
el vacío
el desgarro
la desidia
el miedo
que supone vivir sin ti.

Te quiero
porque son tantas las veces
que el invierno me sorprende en el verano,
esa muerte que me hace temblar,
noches de niebla en las que no veo
hasta que apareces tú

con el puchero caliente
un tronco de encina
unos picos
y esa carroza de algodón

22

Alza los brazos al todo,
baila corazones,
deja los labios dormidos

y acuna mi esencia

23

Gracias
por dejarme besar tu cuerpo,
recorrer la autopista de tu espalda,
por encontrarnos.
Gracias
Por abrir la cancela a la pasión
y despertar lo mejor de mí.

Por no poder resistirme,
por darle la vuelta a mi vida

24

Rescaté y abracé un cuerpo
que confió su desnudo
          sin miedo ni vergüenza
libre de ropas
maquillajes o disfraces.
Y sentí que mi refugio era esa cabaña desordenada
          llamada corazón.

               El tuyo.

25

Me divierte cómo me explicas las cosas,
los ejemplos absurdos
ver películas aburridas en el sofá,
contemplar la alfombra
—bodega—
escuchar tu carcajada,
nuestros los bailes por el salón

y esa manera tan tuya
de retorcer la cara
al hacerte un selfi

26

He aprendido a descifrar tu sonrisa
tu aleteo en el pelo
los ojos caídos.
Y a ti

27

Y yo que era vagabunda en las barras del amor,
apareció mi champán on the rocks,
dándome a probar ese elixir de vida,
enseñándome que el amor
no se bebe de golpe.
Sorbo a sorbo

28

Hoy volaba sobre un colchón de pétalos rosas
su olor, el mío
su piel, la mía
la curva de su espalda
los ojos de hechizo
en este secreto abril

29

Saco del bolsillo el pañuelo mojado por la tierra,
del zaguán ese libro que retuvo tus ojos de plata,
también las pulseras que desnudaban la cordura
y ese poema que comenzó cuando una noche,
el amor quiso hacer parada entre tu lengua y la mía.

30

Cuando quedo perdida entre arenas de páramos fríos
veo sus ojos
escucho su vocecita infantil.
Y las flores regresan a mi alma
el desierto se marcha al exilio.

31

El baile de las hojas ha comenzado
            los árboles perezosos,
estiran sus riñones alcanzando estrellas.
Un trueno golpea mi ventana
rayos azules rasgan el velo de los ojos
despertando ese compás que canta la canción.

El viento acaricia la cama
la lluvia salpica bibliotecas.
Las palabras mojadas.
Una rama me dice “hola” y un relámpago pregunta:
¿Qué haces?
Abrígate, amor, hace frío

Luna Menguante

HÉCATE

32

El mar,
el ruido de las sabinas balanceando su cuerpo,
el olor a pinos,
            a ancestros.
El calor.
Sudor en la espalda que juega con el dibujo de las hebras
    de su pelo
        de sol.
El silencio sagrado de la siesta,
la duda y el titubeo,
las ganas de gritar
      y callarse.

33

Me he fugado de tu casa con buitres golpeando en mi tejado.
—Me lo tenías que decir—
Claro amor.
Cuéntame lo que encierra tu garganta.
Sólo templa bien los tiempos
acuna las palabras
como si fueras madre y no madrastra
que corres el riesgo de que vuele a lomos del halcón
a refugiarme.
En el vientre de otra cueva.

34

Me levanto y cuelgo en una de las ramas
—ese perchero de los mimos—
todo cuanto me inquieta.
Mi camiseta de ternura y el sombrero de lágrimas,
los pantalones que te quité ese primer día de amor,
la blusa que fue blanca.
Todo sin perder de vista esos tirantes de apatía que ya cayeron
hace tiempo
de la cuerda floja de la locura.

35

No me lleves al rincón de un cuadrilátero porque saltaré entre las cuerdas.

36

¿Hasta cuándo vas a esconder versos en un papel arrugado?

37

Me aburro columpiándome en la ceguera,
en el blanco que observas,
amas y no llegas.
Distancia eterna entre amantes que son y no son
Hazme un favor:
por una noche déjame ser sol y tú luna

38

No eres feliz
—lo dices tranquilamente—
con calma
como si hablaras de tu amiga.
No miras y no llegas a ver
        a la niña que se ovilla en una de las esquinas
de una casa sin cocina
          de cortinas rasgadas
                    y ruido

39

Llegas ahora
Lo sé.
Te reconozco.

Lo haría en cualquier rincón de cualquier planeta

Esa elegancia al caminar,
la energía fuerte, de centauro
que provoca que construyas palacios soñados
o corras a esconderte en una cabaña sin troncos en invierno

Los ojos chinos de fuego y agua,
mirada deliciosa que templa y asusta,
que serena y protege de los monstruos bajo la cama.

Me gustan todas tus miradas.
Me gusta todo de ti
Hasta cuando el miedo lo tienes tú.

Llegas con esa presencia tan tuya,
de amor de vida,
la firmeza y el olor de infancia que me abraza y acuna

Tanto.
Hoy toca fingir.
Esconderme en el hueco de la tristeza,
en un camarote sin ventanuco de un mar arrugado.

Escondida tras mi propia ala para no dañar la tuya
Mimándote, entregándome, queriendo ser lo que tú quieres
que sea
y que soy, pero no soy

aunque eternamente,
tuya

40

Camino por el laberinto mental en este mundo plano
donde el sentimiento surge como lágrimas de tinta.
Hoy ni siquiera el papel respira

41

Unidad del Ser que despierta el espíritu entre eclipses
integrando para comenzar a ver.

Arranca el plumaje el velo de lo oculto entre almas que son
y despiertan
como despierta la musa que es y no es.

42

Me pregunto si me quiere
si desea encontrar mi cuerpo
o descansar en mi alma
bucear en el hoy
sin pretender amanecer tras la cortina

Se lo pregunto
y mientras aguardo respuesta,
las ilusiones de niña florecen en un interior de vieja

si cuando escucho la respuesta
mi corazón queda arañado
y mi alma aplastada,
        una vez más

43

Con sólo el sonido de su voz
los ojos vuelven a ver estrellas.
Luces cercanas que se deslizan por la mano
me besan

Lucho contra ese sonido
con todas las fuerzas.

La razón dice
no.
El corazón enredado en océanos sucios
anclado en el puerto del deseo,
espera una señal,
una caricia en el viento
palabras manchadas de amor
que le diga:
vete o quizá,
acércate y no te vayas nunca,
nunca más.

44

Toca fingir, en eso soy maestra.
Triste payaso dice la canción.
Ciega de día sin ti.

45

El espejo cuelga de la pared sin cuadros
el cristal ovalado sucio
Me aterra.
Me atrapa.
No quiero reflejarme en él.
Ya no soy yo, es otra.
O soy yo con un maquillaje distinto.
Tan espeso que no me reconozco.
Puertas a otra realidad,
no sé cuál es la verdadera.
Tal vez ninguna. Quizá todas lo son
Me levanto despacio.
Zigzagueo por una habitación púrpura.
Me mira.
Tintinea a pesar de estar vestido.
Le desnudo de la sábana.
¿Quién eres?

46

Huele a leña de una chimenea inventada
Comienza la pesadilla de un fantasma.

47

Los relojes quietos
siguen dibujando la hora de ayer.
Tenías razón, te echo de menos

48

Vienes y vas
como si fueras una estrella que necesita el sol para ser luz.
Soy agua y nada de sol hay en mí.
Te observo y a la noche
me miras desde esos ojos amarillos de dragón.
Dragón de luz que llama al Nahual de las almas.
Ya no soy contigo.
Almas que estiran los brazos,
se desperezan alejando el dolor que las hace cautivas.
Esclavas de nada, de lo que nunca ha existido.

49

Vísteme de amor
que tengo frío,
que parezco una isla desnuda
de sabinas rotas
y sorda de mar

Envuélveme de alegría
que no estoy hecha para estar triste
y las lágrimas de sal caen
como caen los peces viejos de las manos de mar

Quítame la máscara de la sonrisa
        Que finjo para creerme que vuelvo a ser yo
que sigo "aquí y ahora" buscando señales de humo
        en un lugar sin fuego.

Abrázame fuerte para encenderme
y devuelve la voz a las calandrias en el balcón,
deja que el agua fría limpie el rímel corrido
que la brisa me devuelva mis calabazas de algodón

50

Si me dejaras espacio para contarte lo que siento
celebro
sonrío, miro
y aprendo

Si me dejaras espacio para expresar lo que brilla,
nubla, golpea
y turba

Si me dejaras espacio para desatarme
volar desde los tejados ,
atrapar el viento
abrir las alas,
jugar,
si me dejaras espacio.
Y tiempo

51

Me pide la luna cuando ni siquiera alcanzo a ver las estrellas

52

No te salgas que te hundes

Luna Negra
Lilith

53

No me toca
pero dice que me quiere
no me mira
pero dice que me necesita.
Mientras tanto, quedo sumergida
en agua estancada
dejando que el leviatán
—conocido—
de largas manos
y pecho erguido
abrace un cuerpo funámbulo.
Es mi monstruo.
Se llama soledad.

54

Estás con alguien
y soy culpable.
Culpable de tus borracheras
   de tu amargura
         de tu tristeza.
Culpable de las balas en tu boca
de la cólera contra la pared
de las bombas en mi estómago.
Culpable, me escupes.
   La mano levantada
         Golpea

55

Esa mujer que encuentra los besos de ayer en la espalda
de un viejo banco de Hortaleza.
Y llora

56

Una vez más, una discusión.
Una vez más, mis labios dicen lo que no siento.
Una vez más,
su desidia,
desprecio
indiferencia
Una vez más no querer ser quien no soy.
Una vez más el retortijón de la culpa.

57

Lo que no comprendo,
lo que se fuga de mí
lo que escapa entre las rendijas de la nada:
la brusquedad,
las faltas de amor,
la soledad,
la frustración
la apatía.

La desesperanza y el temor

Tu pie ya no juega con el mío

58

Te diluyes,
difuminas como si fueras el lápiz negro en un borrador.
Sin hojas

59

Llueve pasado.
Mi lengua sabe a amoniaco
agujas en el paladar
la garganta encorsetada.
Vacía de ti y de mí.
Nos perdimos

60

Todo quieto
muerto
zombi
como tú

61

La nube baja nos tiene fumigados
Perdidos, sin rumbo
y ciegos

62

Te vas y vuelves
en ese baile tan tuyo que, sin saberlo, hace daño.
Para qué,
desear que algo se mueva,
se ensanchen cual hibiscos al sol
Una quimera,
    caída lenta que es y no es.

He tratado de encontrarte en la sombra,
separando la prosa de los versos,
Como si pudiera descubrirte en los espacios

No puedo —por más que lo intento—entrar ahí.
Cuando a punto estoy de tocarte,
corres para perderte.

Tan lejos que no puedo verte ni alcanzarte.
Lodo hostil del que no quieres cuerdas que rescaten
mientras todo late, sorprende, se mueve.
    Y vive.
  Menos tú

63

Mi cabeza se apoya sobre una espada.
Espada fría que no concede tregua.
      Bandera blanca
         lo ruego.

64

No puedo olvidar
la música que fue nuestra
ha vuelto a colarse entre las rendijas de la memoria.

Por momentos he vuelto a navegar entre estrellas
buscando la nuestra
aquella que se cayó hacia un suelo de baldosas frías
y hierros de escarcha

65

Ya esta aquí,
la esperaba
He deseado gritar que se fuera,
que me dejase tranquila.
Deslizándose entre sábanas
con olor a mentira.

Ha llegado

Toca mi cuerpo
acaricia la cabeza
y penetra con su vara hasta dentro
del alma.

Duele
como si rompiese el himen de una virgen.

Dicen que se llama tristeza...
Tal vez
—como dijo el profeta—
una alegría sin careta

66

Líneas paralelas con pocos puntos en común,
dice su voz.
Y al escucharla,
mis labios quedan sin sonido
los oídos tiemblan de miedo.
Aprieto su mano,
oculto mi cara entre la camisa y
beso su pecho.
Y así no ve
a la mujer que en silencio frota sus ojos y
absorbe el agua estancada,
evitando esa caída que le haga comprender
que se aleje, que corra con su maleta de lágrimas
apriete su falda arrugada.
Sin mirar atrás

No correrá tras ella,
no llenara su casa de flores
ni arropará de poesía su alma,
Hace tiempo que se ha ido

67

Barrunta tormenta
huele a helada
las estrellas tiritan a los lejos
casi no puedo verlas,
preguntan por la primavera.

Ahora sólo raíces cortadas
las ruedas de un carro sin caballos.
Hoy tiemblo
vuelvo a echarte de menos

68

Vacía,
torpe,
inmóvil,
la cabeza abotargada de intrusas encadenadas.
Ideas enfermas
forman un matorral del que nada sale.
Nada

69

Hoy mi corazón vuelve a encogerse bajo sábanas de escarcha

70

Hace pocos días
se me rompió la luna cuando,
embarazada de ilusión,
cerraste la puerta a mis besos.
    Ya no estabas conmigo.

Un diablo te había raptado lejos de mí.
No quedaba nada.

Me hablaste de ella
de ésa que ha congelado mi vida
y ha envuelto todo lo mío
en viejos periódicos de ayer

71

Qué facilidad tienes para arrancarle
—de cuajo—
el vestido de novia a la vida.

72

Cuántas veces me engañé
sabiendo que era tuya.

73

Vamos a hacerlo bien, me dices:
devuélveme las llaves de mi casa
y llévate la ropa para siempre.

Regreso al eterno vaivén de la margarita,
jugando la partida de ajedrez
en un continuo
        jaque mate.

74

Acaba de matarme.
Así, sin más, el rojo corre por las manos
muertas.
Me regaló un envoltorio de ilusión.
Dentro, vacío

75

Con el dorso de mis manos mirando hacia el cielo,
grito.
Grito al aire que me encrespa la cabeza,
al agua que ahoga mis pies,
a la tierra mojada que entierra las piernas
        Grito.

76

Vete.
Deja de vampirizar las horas vivas,
las horas muertas.
No eres más que un espectro sin pies
ya no temo contigo.
Vete

77

A lo lejos un velero despliega velas amarillas
mientras se desliza por dunas de espuma.
Siento deseos de fundirme en él.
De navegar por el placer de navegar,
sin pasado y sin nombre.
Sin memoria ni historia.
Sin ti.

78

Vuelo hacia el claro de luz,
aquél donde los miedos se quedan en tierra
y sólo los que sueldan — y sueñan— consiguen llegar.
Y quedarse.

79. Luna nueva

He estado contigo desde que te fuiste
como si nunca te hubieras marchado.

Cada día,
confesaba mediante ese otro medio
—yo lo llamaría cuántico y tú, mi locura—
cuanto me sucede.

Como solíamos hacer
ahí,
entre tu copa y la mía.

        Ese viaje tan nuestro.

Con nuestros cachivaches aleteando en el tejado de las palabras
mientras en un taburete colocas cortinas imposibles
en un balcón indiscreto.
        Hoy lleno de luces

Regresaste justo hace un sol.
Llorabas, hablando de amor,
llorabas, tras ese velo que aún no he logrado descubrir

Llegaron las promesas,
los miedos, las inquietudes
para volverte a   marchar
                para volver a perdernos

Era tú y tú eras yo,
una locura de amor
que despareció como la quimera en un desierto

Se acabaron los besos y los juegos,
las armas y los silencios
las rosas rojas y los lirios
también las discusiones y los parloteos de madrugada
los mismos que nos dejaban siempre sin ver los Goya.

"Mi amor, mi amor, mi amor"
repetías…
¿Cómo te he engañado eh?
Y yo, sólo miraba tus ojos velados,
las telarañas que organizaba tu cabeza
y la sonrisa que caía
como cae la ropa de una cuerda de colgar.

Sonreía,
mueca sagrada ante la certeza de que ante las sombras de la cabeza
sólo el corazón puede encender la luz
Y no.

Sigo echándote de menos.
Increíble después de haber sido lo mismo,
ahora apenas si nos saludamos por WhatsApp.

Tendrá que ser así.

Sólo que hoy quería contarte algo importante:
he crecido en esta vuelta al sol.

Vivo en una casa divina,
    nuestra casa soñada
llena de plantas,
las letras y la música bailan entre las rendijas
de los pétalos de luz que brotan sin parar.

Una casa que es paz, amor y escucha.

Aunque no estés tú

Sólo quería contarte,
me he enamorado.

Llegó de repente recogiendo
las notas perdidas de un corazón
para gobernar una nueva melodía.
    Y estoy feliz.

Sólo quería contártelo

Agradecimientos

A María Teresa Rodríguez de Castro, que con su lucidez y ternura, me ayuda a descifrar la vida. Por ese prólogo entre diosas y lunas.

A Marta Botas, alma auténtica que despierta colores en el papel, por la fabulosa portada y todos los viajes de su mirada a la mía.

A mi prima Jacinta Cremades, que adoro, por confiar en lo que a mí me parecía imposible.

A Menchu Duque, poeta del sentir, que es un mimo del universo.

Gracias a mi compañero de aventuras Eduardo Soto Trillo por animarme con la escritura.

A mis mágicas abuelas, Lucía por enseñarme que todo es amor mientras bailábamos con la luna y Ángela, que entre cuidados de flores, me recitaba a Juan Ramón Jiménez.

A Agnes Mazieres por llegar y encontrarnos.

A mi cabeza y voz, Marga Suarez de Lezo, que pacientemente ha escuchado cada uno de los poemas.

A mi maestra y amiga Paloma Navarrete, su magia danza en muchos de los versos.

A mis compañeros de baile, mis hermanos, Jorge, Patricio y Gus, que son mi baluarte.

A Gonzalo García Solans por su mimo y cuidado en todos mis procesos.

A Charo y Antonio, Huerga y Fierro, por su apoyo. No existe mejor editorial.

A todos mis amores, a los que dejé, a los que me dejaron. A esos labios que hoy me besan.

Índice

Esta obra
se acabó de imprimir
con los auspicios de
Charo Fierro y
Antonio J. Huerga, editores

FINIS CORONAT OPUS